In 27/7
40863

ALLOCUTION

PRONONCÉE EN L'ÉGLISE SAINT-LÉONARD DE HARFLEUR

LE 14 OCTOBRE 1891

À L'OCCASION DU MARIAGE DE M. VICTOR GIRARD

ET DE Mlle ALICE BLIN

PAR M. L'ABBÉ A. LE BOURGEOIS

Curé de Cormolain

Monsieur,

Mademoiselle,

Vous m'avez appelé à l'honneur de bénir votre mariage. Vous avez désiré que je fusse le témoin de vos serments et le consécrateur de votre alliance. Je vous en remercie. Cet honneur, je le dois sans doute à une amitié déjà vieille de quinze ans ; mais je le dois aussi à la bienveillance du pasteur de cette paroisse, qui a bien voulu me déléguer ses pouvoirs nécessaires pour la circonstance. Aussi, c'est du fond du cœur que je vais unir mes prières aux siennes et à celles de toute cette sympathique assemblée, pour appeler sur vous, jeunes fiancés, et sur votre double famille, les plus abondantes bénédictions du ciel.

Cette heure est solennelle entre toutes ; elle sera

unique dans votre commune existence. Il s'agit en ce moment de fixer irrévocablement deux destinées, de river deux vies l'une à l'autre, et cela pour jamais. Il s'agit en un mot de l'administration et de la réception d'un grand sacrement, qui confère aux époux une auguste dignité ; imprime à leur alliance un cachet divin et la scelle d'un nœud infrangible... Vous n'êtes pas, en effet, de ceux trop nombreux aujourd'hui, qui regardent le mariage comme un contrat qu'on peut faire et défaire au gré des lois humaines. Pour vous, catholiques, non seulement croyants, mais pratiquants, le mariage est un contrat, sans doute, mais un contrat élevé à la dignité de sacrement ; une institution qui n'a pas été faite de main d'homme, mais qui a Dieu pour auteur et que Lui seul peut briser, car c'est Lui qui a dit : « L'homme quittera son père et sa mère pour s'attacher à sa compagne, et ils seront deux dans une même chair. Que l'homme donc ne sépare point ce que Dieu a uni (Saint Math. XIX, 4) ». Paroles profondes, que l'apôtre saint Paul complète en disant : « Ceci n'est point une promesse ordinaire ; c'est un grand sacrement, je l'affirme, dans le Christ et dans l'Église... »

C'est sous ce point de vue naturel qu'il convient d'envisager le mariage. Et c'est ainsi que vous l'entendez, jeunes fiancés. Aussi, c'est une grande consolation pour moi de penser que, tout à l'heure, je ne vais pas, comme il nous arrive trop souvent, hélas ! unir seulement des mains, mais aussi des cœurs et des âmes dans la communauté d'une même foi. Or, dans cette association de croyances et de vertus, vous apporterez l'un et l'autre votre part.

Vous, ma chère sœur, je sais avec quels soins délicats et quelle affectueuse tendresse vous avez été élevée. Dernier espoir d'une famille, trop tôt éprouvée dans ses plus chères affections, la Providence, qui avait ses desseins sur vous, vous a placée de bonne heure dans des maisons d'élite où, tout en puisant les connaissances qui ornent l'esprit et les vertus qui embellissent le cœur, vous avez su distinguer ces deux aimables sœurs, dont l'affection tendre et fidèle a, sans s'en douter, préparé de loin l'alliance que nous célébrons aujourd'hui... Et depuis, vous avez appris la vie pratique, sous les yeux d'une mère qui vous rappelait à bon droit la femme forte dont nos Saints Livres font un si bel éloge ; et d'une tante bien aimée qui a, depuis longtemps, concentré sur vous toutes les tendresses de son cœur ; l'une et l'autre, si bien faites pour vous façonner à cette vie d'activité et de dévouement à laquelle la Providence vous appelle aujourd'hui... Pour vous, Monsieur, et vous me permettrez bien de dire mon ami, car quoique je vous connaisse depuis bien peu de temps, j'ai cependant appris à vous estimer assez pour n'être pas surpris que vous ayez pu satisfaire à l'inquiète sollicitude d'une mère comme celle de votre fiancée. C'est qu'elle a reconnu en vous ces qualités de l'esprit et du cœur qui répondaient à ses vœux, et elle a compris qu'elle ne pouvait confier à des mains plus dignes et plus sûres l'avenir de son enfant chérie. Il y a, je le sais, dans votre famille, si honorée et si digne de l'être, une tradition de piété, d'honneur et de travail et par conséquent de véritable noblesse à laquelle vous ne pouvez déroger...

Vous me paraissez donc bien faits l'un pour l'autre. Aussi, quelles belles espérances ne doit-on pas concevoir d'une union qui commence sous de si favorables auspices !... Toutefois, ma mission n'est pas seulement de m'associer à vos joies, je dois aussi élever plus haut vos pensées en vous rappelant les nouveaux devoirs et les engagements sérieux que vous allez contracter. — L'apôtre Saint Paul, qui les expose en quelques lignes, avec une clarté, une éloquence, une autorité qui laisse bien loin tous les traités des savants et des moralistes, les réduit à un seul ; ce devoir qui renferme tous les autres c'est : l'*Amour chrétien*, facile devoir, n'est-ce pas, quand, comme chez vous, le cœur et la conscience l'imposent de concert. C'est lui, Monsieur, cet amour chrétien, qui vous apprendra à concilier les justes exigences de l'autorité qui vous est départie, avec ce tendre respect, cette douce condescendance et ces soins assidus, que votre compagne doit trouver près de vous. Vous n'oublierez pas que c'est un dépôt précieux que sa famille remet aujourd'hui entre vos mains, et je n'ose dire au prix de quel douleureux sacrifice. Ah ! les larmes que cette touchante cérémonie va faire répandre ne seront pas toutes des larmes de bonheur... J'entrevois des vides qui ne seront pas comblés, mais que vous pourrez atténuer par le spectacle, par la certitude du bonheur d'une fille, d'une nièce chérie.

Et vous, ma chère enfant, c'est aussi dans l'amour chrétien, puisé au cœur de Jésus, que vous trouverez la force de donner ces nouveaux exemples, qui feront de vous, je l'espère, l'ornement et la gloire de votre nouvelle famille, comme votre piété et vos grâces modestes ont fait la joie et l'ornement de votre première demeure... La religion vous dit, mon enfant, d'aimer votre mari, non pas seulement avec cette nouveauté de sentiments, que le temps peut atteindre, mais aussi avec cette force de volonté qui grandit avec les années et qui resserre chaque jour de plus en plus les liens de l'union chrétienne. Elle vous dit de répondre à sa confiance par un sincère empressement à lui plaire, à charmer ses ennuis et à adoucir ses préoccupations et ses peines, par ces aimables prévenances dont les femmes chrétiennes ont seules le secret et qui leur assurent sur leur mari l'empire que leur refusent la nature et les lois... Enfin, vous n'oublierez pas que par un dessein tout spécial, la Providence vous appelle aux devoirs de la maternité avant de vous en conférer les droits. Ce vous sera chose facile avec ces deux petits anges, qui depuis leur naissance, vous connaissent et vous aiment, et dans leur petite intelligence n'ont guère séparé votre souvenir de celui de leur mère qui vous traitait en sœur... Aussi, j'aime à penser que, du haut du ciel, celle que vous allez remplacer s'unit à nous pour vous bénir, heureuse de confier à votre garde ses plus chers trésors...

Tels sont, ma chère sœur, les nouveaux devoirs que le mariage vous impose. Sans doute, ils sont bien graves, et quelques-uns même ont pu les trouver peut-être un peu lourds pour vos jeunes épaules. Moi, je ne l'ai pas jugé ainsi, car je savais que vous auriez pour vous conduire et vous aimer de puissants auxiliaires.

Vous avez d'abord la prière, qui obtient tout de Dieu, et à laquelle vous ne faillirez pas plus que dans le passé. Et puis, les conseils ne vous manqueront pas plus que les exemples ; car la religion vous donne aujourd'hui, avec le cœur d'un mari, un second père, qui remplacera, pour vous, celui que vous avez trop peu connu, et une seconde mère, dont vous avez apprécié, depuis longtemps déjà, l'affection et le dévouement.

Forte de ces appuis, ma chère sœur, vous suffirez

aisément à votre tâche, et votre foyer deviendra, j'en suis sûr, un cénacle ravissant où vous goûterez les joies les plus pures et le plus parfait bonheur.

Allez donc maintenant, mes chers amis, allez sous l'œil de Dieu, la main dans la main et cœur contre cœur, allez à vos grandes destinées. Appuyés l'un sur l'autre, vous traverserez ensemble toutes les épreuves de la vie et vous montrerez par votre exemple, à ce monde qui comprend si peu aujourd'hui la grandeur de l'union conjugale, ce que savent et peuvent être des croyants intelligents, qui mettent leur amour et leur foi sous la garde de Dieu, et lui donnent la première place au foyer de leur nouvelle famille.

Que le Dieu d'Abraham, d'Isaac et de Jacob répande sur vous, jeunes époux, toute l'étendue et toute la plénitude de ses bénédictions célestes. Qu'il vous donne de voir autour de vous les enfants de vos enfants, jusqu'à la troisième et quatrième génération, et qu'au terme d'une longue et heureuse vieillesse, il vous conduise tous deux dans ce royaume d'ineffables délices, où, à la vérité, selon la parole de Notre-Seigneur, il n'y aura plus d'époux ni d'épouse, mais où nous serons tous comme des anges, qui s'aimeront et se posséderont en Dieu pendant l'Éternité.

C'est la grâce que je vous souhaite.

Au nom du Père, Fils et Saint-Esprit !

www.ingramcontent.com/pod-product-compliance
Lightning Source LLC
Chambersburg PA
CBHW060918050426
42453CB00010B/1804